Kleine Ezel

vraagt *Waarom?*

Rindert Kromhout & Annemarie van Haeringen

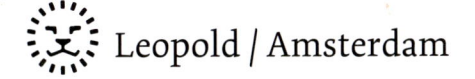

Leopold / Amsterdam

'In je wagentje!'
'Waarom?' vraagt Kleine Ezel.

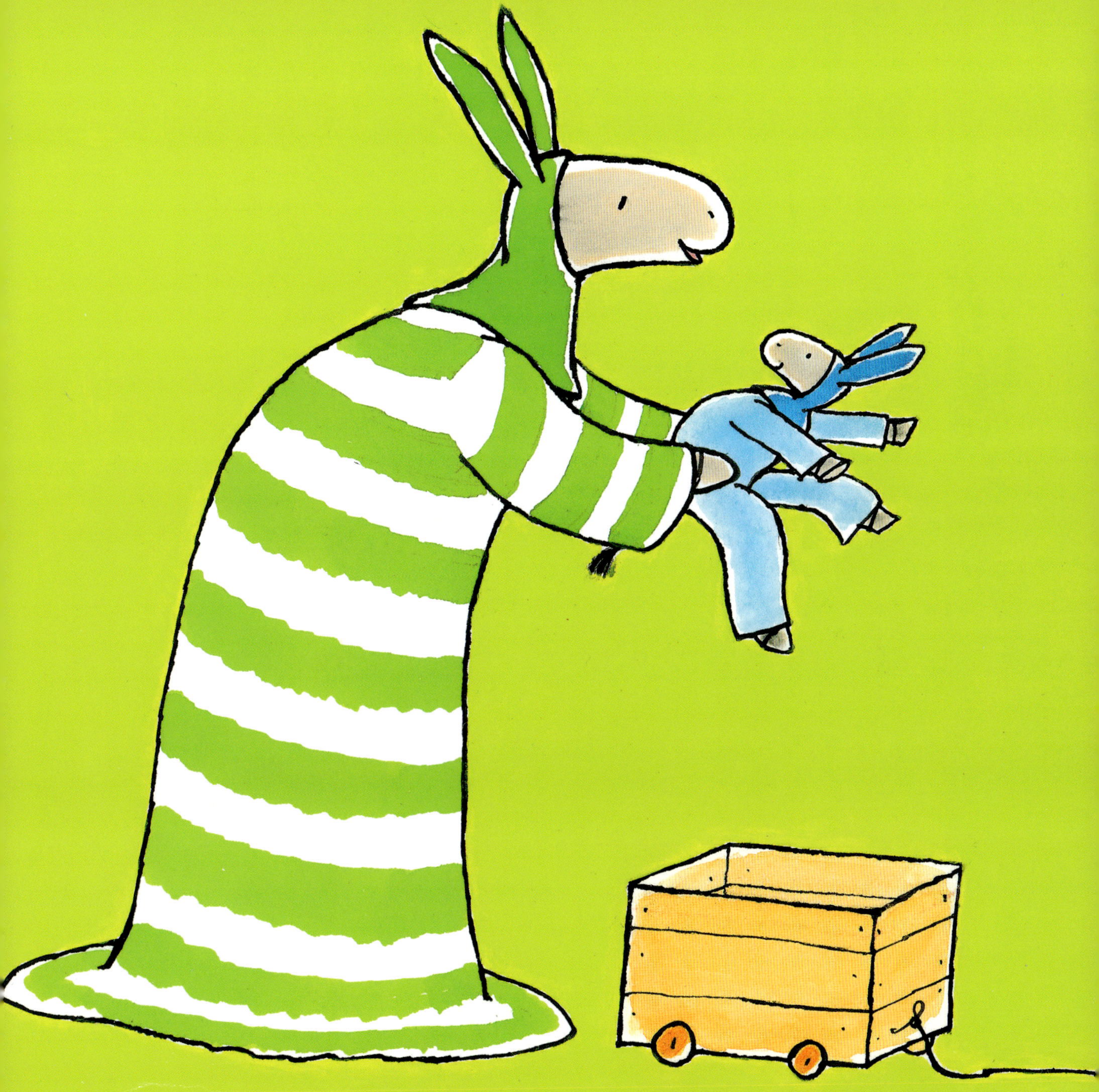

'Ik ben zo terug. Wacht hier maar even.'
'Waarom?' vraagt Kleine Ezel.

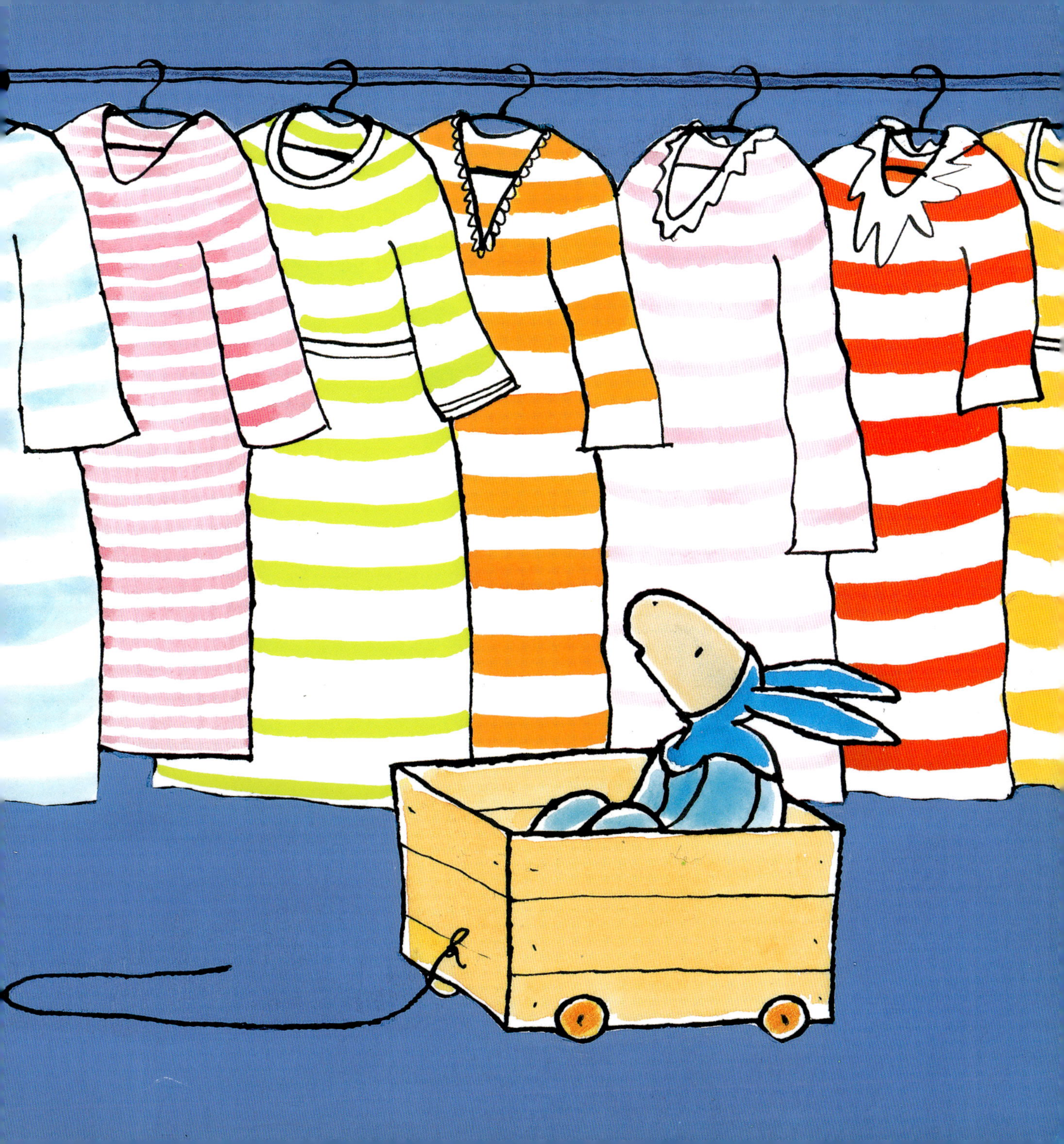

'Leg dat maar terug,'
zegt mamma Ezel.
'Waarom?' vraagt Kleine Ezel.

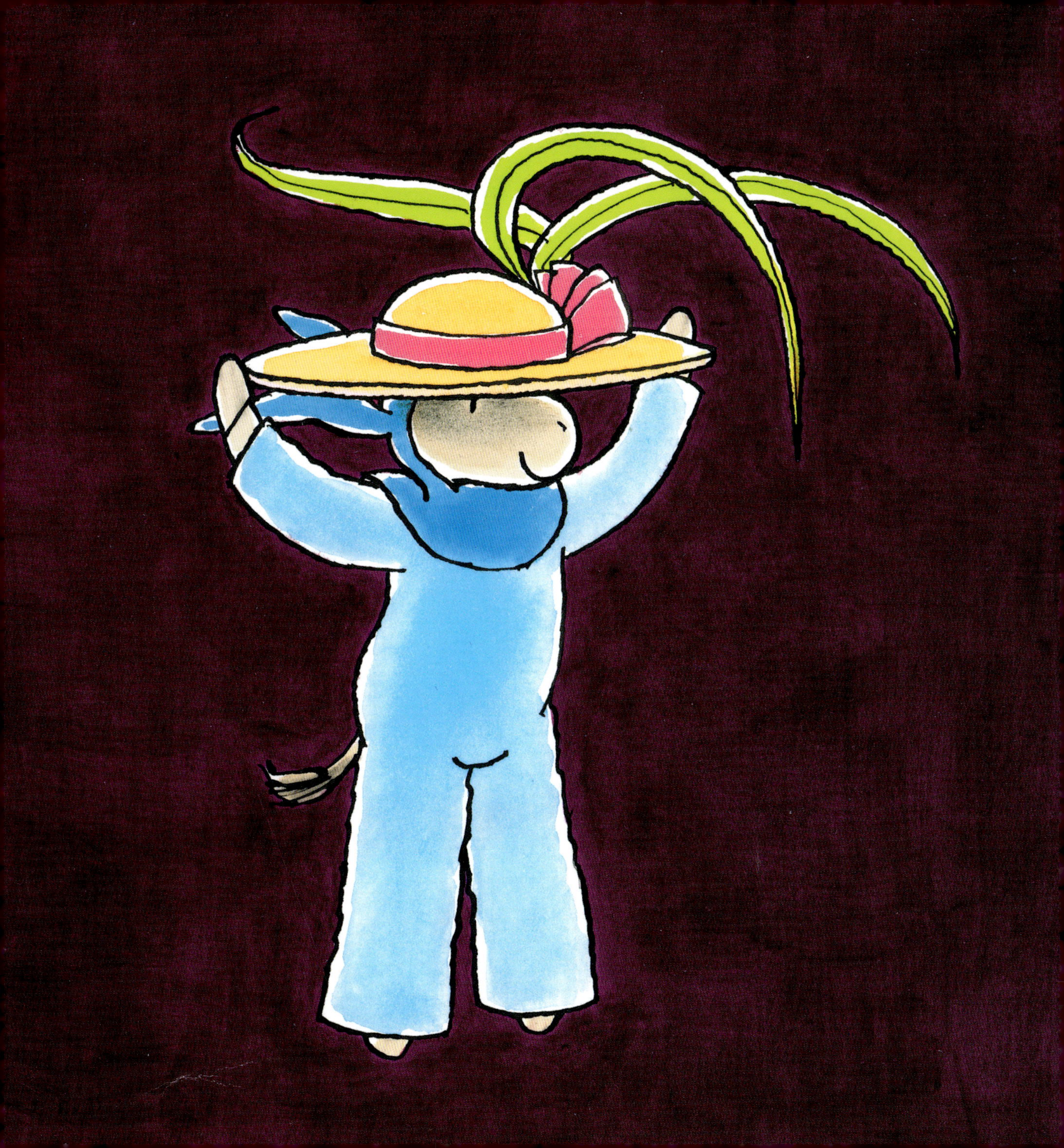

'Schuif eens een eindje op, lieverd.'

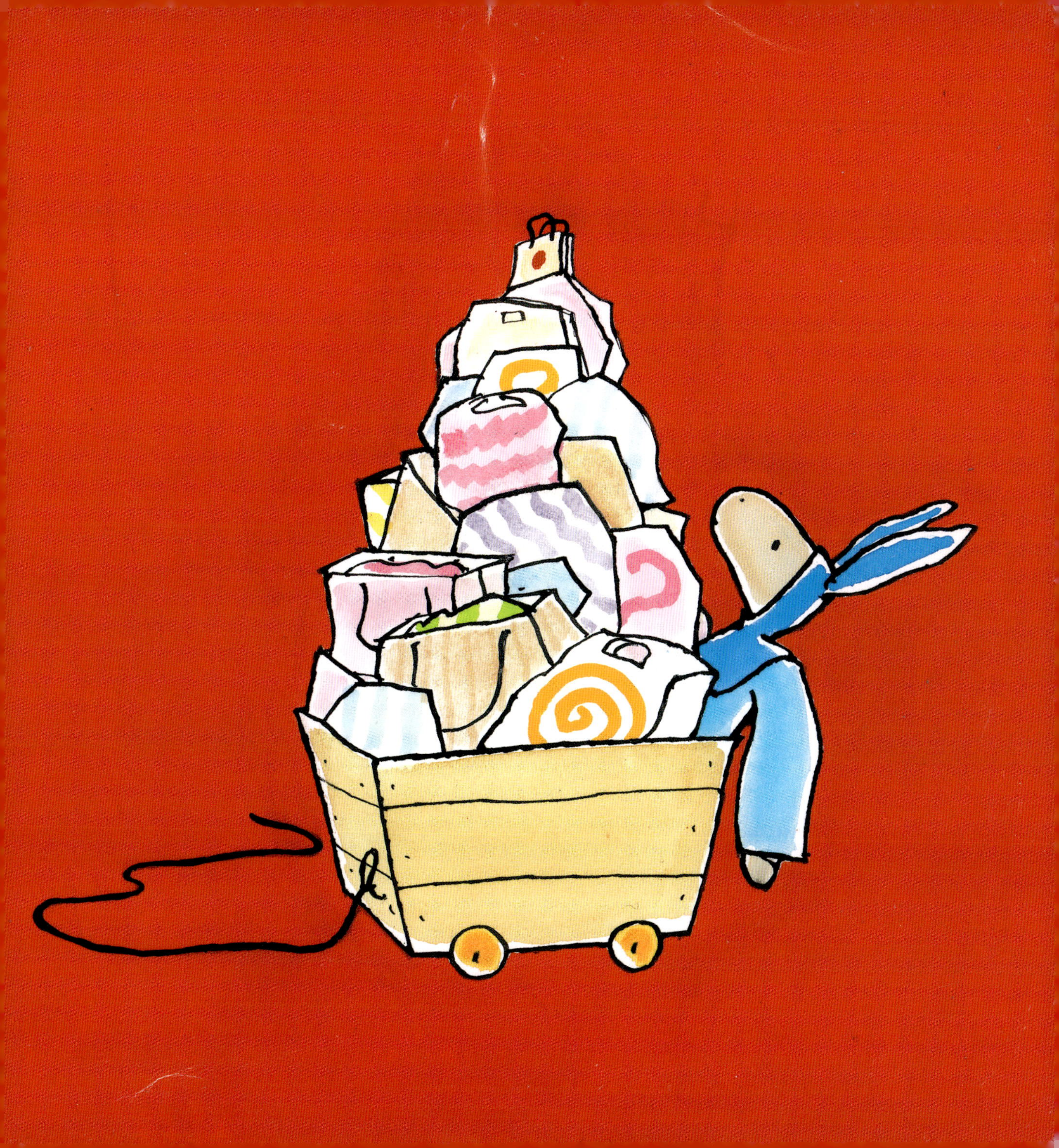

'Voorzichtig oversteken!'
'Waarom?'
'En help mamma maar even.'
'Waarom?'

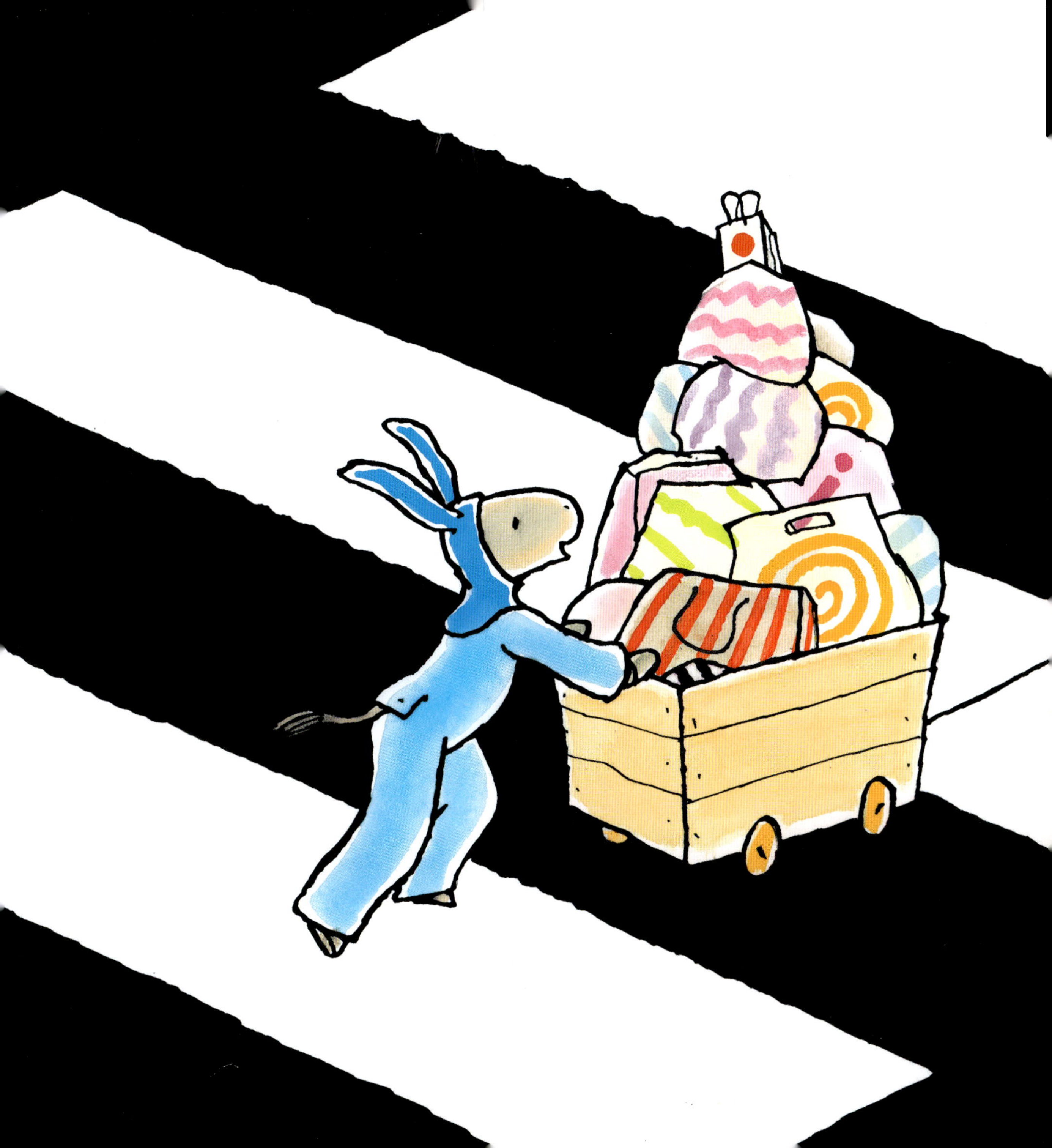

'WAAROM?'

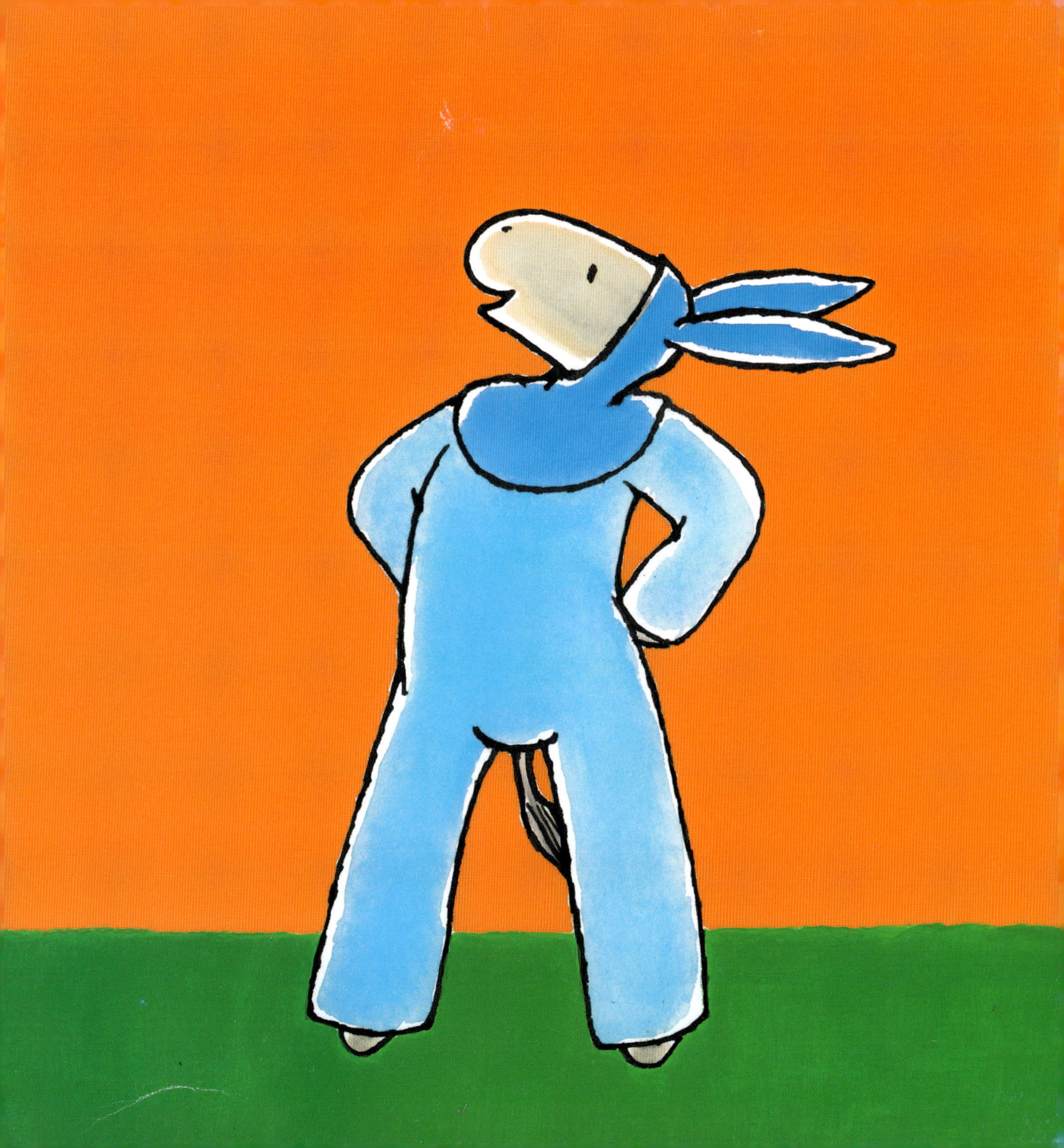

'Omdat ik het zeg,' bromt mamma Ezel.
'Hou op met dat waarom!'
'*Waarom?*' vraagt Kleine Ezel.

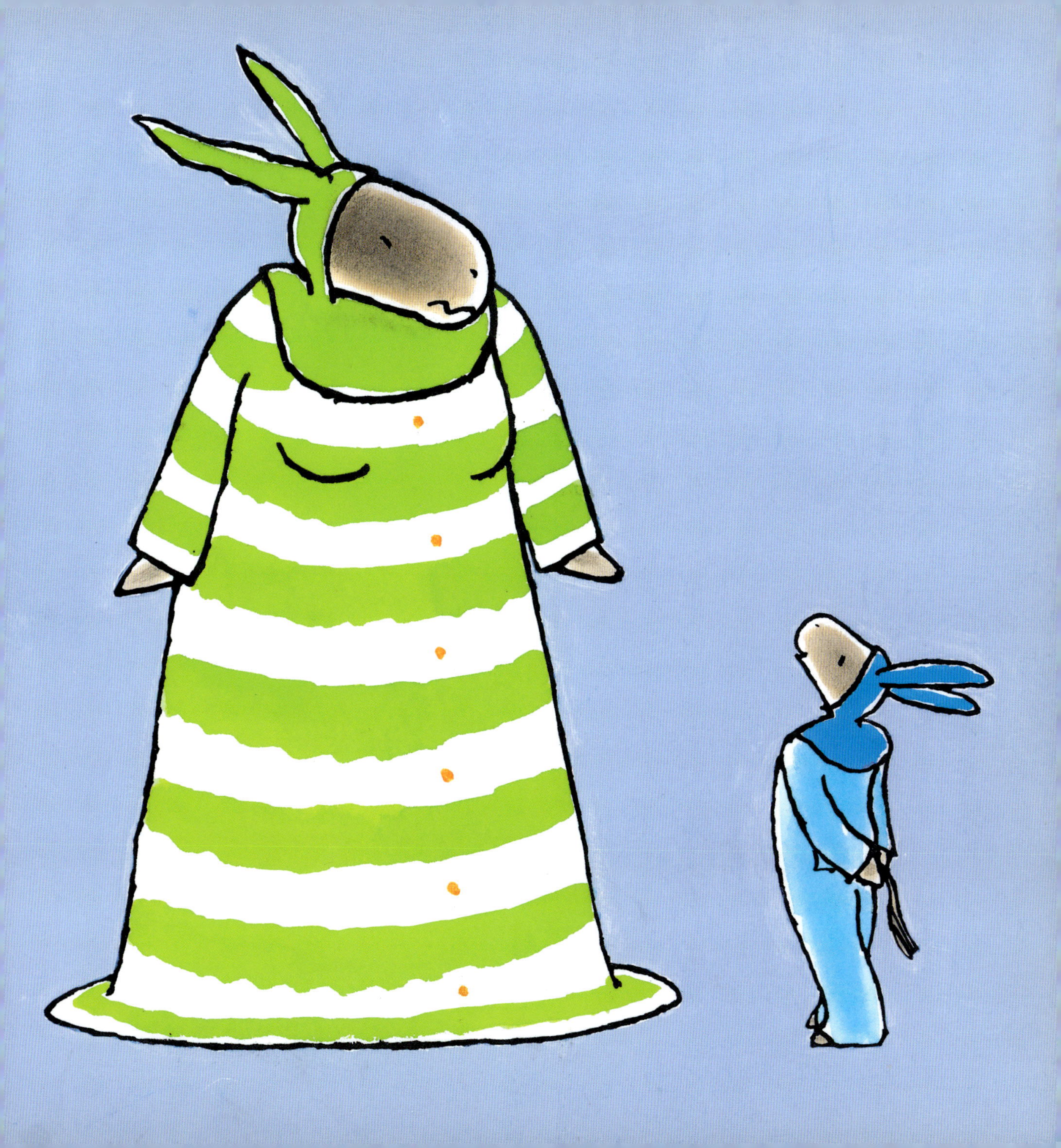

'Deugniet, je houdt me voor de gek.'

'Mamma, mijn buik wil graag naar Feestvarken.'
'Naar Feestvarken?' vraagt mamma Ezel. 'Waarom?'

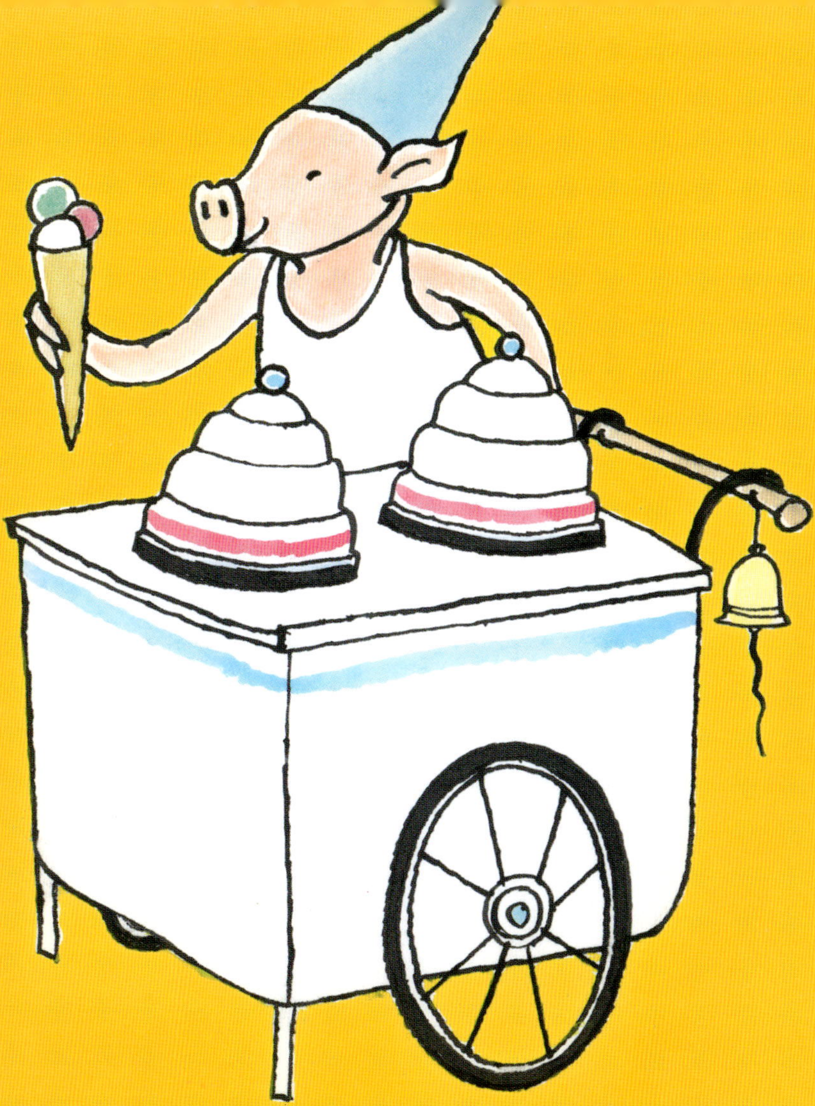

'Mag ik ook een likje?' vraagt mamma Ezel.
En Kleine Ezel zegt…